LES

EMPRUNTS RUSSES

AU TRIBUNAL DE L'EUROPE

PARIS

LACHAUD, LIBRAIRE-ÉDITEUR

PLACE DU PALAIS-ROYAL

—

1870

LES

EMPRUNTS RUSSES

AU TRIBUNAL DE L'EUROPE

LES

EMPRUNTS RUSSES

AU TRIBUNAL DE L'EUROPE

PARIS

LACHAUD, LIBRAIRE-ÉDITEUR

PLACE DU PALAIS-ROYAL

1870

Paris. — Imprimé chez Jules Bonaventure,
55, quai des Grands-Augustins.

Après Waterloo, la France se trouve inerte, amoindrie, à la merci des princes alliés, après avoir sacrifié à l'ambition d'un seul homme toutes ses ressources ; après avoir rétrogradé d'un siècle dans la voie glorieuse où elle s'était engagée au nom des principes de 89.

Les princes s'assirent à la table rase, produite par nos désastres, pour s'y concerter sur le pacte de la Sainte-Alliance inspiré par une visionnaire à Alexandre Ier. Les empereurs d'Autriche et de Russie, joints au roi de Prusse, portant cet acte à la connaissance de leurs peuples, disaient : « Nous avons formé la résolution inébranlable de régler désormais notre conduite sur les principes du christianisme; de gouverner d'après les préceptes de la justice, de l'amour du prochain et de la paix, aussi bien à l'intérieur de nos États que dans nos rapports avec les autres gouvernements ; de nous aider mutuellement en toute circonstance, *et de ne nous considérer que comme les fondés de pouvoir de la Providence* pour régler les affaires des trois branches d'une même famille. »

Bientôt la plupart des autres États de l'Europe accèdent à cette ligue, sauf l'Angleterre, le Sultan et le pape.

En Angleterre, le gouvernement se sentait sous l'œil de l'opinion publique beaucoup trop éclairée, pour ne pas voir le piége tendu à la crédulité des peuples.

La presse y raillait la Sainte-Alliance. Elle avait soutenu le gouvernement dans ses efforts contre les prétentions de Napoléon Ier à la domination universelle, mais elle ne voulait pas que les trois puissances despotiques recueillissent son héritage sous un autre prétexte ; et la suite prouva que la presse avait eu raison.

Le Sultan se trouvait entièrement désintéressé dans la question par l'essence même de son pouvoir, à la fois spirituel et temporel, et qui n'avait pas besoin d'une déclaration faite solidairement avec des princes chrétiens.

Quant au pape, il était évident qu'il ne consentirait pas à entrer dans une ligue où son pouvoir, qu'il considérait bien supérieur à ceux des trônes temporels, se trouverait sur la même ligne que celui de la Russie schismatique et de la Prusse protestante.

Les peuples surent d'ailleurs bientôt à quoi s'en tenir sur cette prétendue Sainte-Alliance de leurs princes.

Alexandre était accessible aux grandes idées, aux nobles projets, mais il n'avait ni l'énergie ni la persévérance nécessaires pour surmonter les obstacles qu'il devait inévitablement rencontrer sur sa route lorsqu'il s'agirait de les réaliser.

On avait tant idolâtré cet Alexandre, qualifié par Napoléon Ier de grec byzantin, de Talma du Nord, qu'il finit par se croire un demi-dieu.

Il y avait alors en Europe un homme qui fut longtemps qui est encore aujourd'hui un objet de malédiction pour les peuples allemands et qui exerça sur le sort du monde une influence bien autrement considérable; influence funeste d'où devaient sortir fatalement plus tard les bouleversements qui ont signalé en Allemagne la période révolutionnaire de 1848.

Cet homme, du nom de Metternich, fut ministre des affaires étrangères en Autriche depuis le 8 octobre 1809, jusqu'au 31 mars 1848.

Ce fut lui, qui après ses tristes succès au delà des Alpes, gouverna son pays en maître absolu, considérant l'Allemagne et l'Italie comme son domaine, la Prusse comme sa vassale.

N'ayant fait que de médiocres études, il cherchait à cacher son ignorance sous une certaine souplesse de langage, et son absence de capacité politique, par le maintien le plus absolu, le plus absurde de certains principes prétendus conservateurs.

Durant les trente-huit années de sa carrière ministérielle, il ne se révéla jamais en lui une seule idée créatrice. Il ne cherchait qu'à maintenir par l'abus de la force toutes choses à l'état d'inertie, et il s'était rendu tellement odieux qu'un ministre issu de la révolution de 1848 put s'écrier devant une chambre allemande : « Je résume toute la honte de l'Allemagne durant les quarante dernières années dans le seul nom abhorré de Metternich ! »

Il était, du reste, le digne ministre d'un empereur comme François Ier d'Autriche, dont on connaîtra l'esprit et les tendances par ces seuls mots adressés aux professeurs du lycée de Laibach : « Il court maintenant, leur dit-il, des idées nouvelles par le monde et ces idées je ne les approuverai jamais. Tenez-vous en à ce qui existe, car cela est bon; nos pères s'en sont bien trouvés, pourquoi n'en serait-il pas de même pour nous? Je n'ai pas besoin de savants mais de braves gens. C'est à vous de former la jeunesse dans ce sens : *Celui qui me sert doit enseigner ce que j'ordonne; quiconque ne veut pas se conformer à cette règle peut s'en aller, sinon je le congédierai.* »

Si les peuples n'étaient pas si oublieux, s'ils avaient la mémoire de ce qu'on leur fait souffrir, chaque ville en Allemagne devrait ériger sur une de ses places publiques un pilori avec le nom de Metternich.

Mais le système de ce frivole coupable ne pesait pas seulement sur les esprits, sur les âmes; il finit par ruiner matériellement l'Autriche. Nulle part le commerce et l'industrie ne se trouvaient dans un état moins prospère, car on ne se préoccupait aucunement d'améliorer la situation du paysan à l'égard des propriétaires du sol, et cette Autriche qui exportait il y a deux, ans grâce à un ordre de choses nouveau, pour 400 millions de francs de blé, ne pouvait pas, sous le système Metternich, suffire de ce chef à ses propres besoins !

On ne cherchait ni à profiter de l'admirable position de Trieste et de Venise sur l'Adriatique, ni à créer une bonne marine marchande, et quant à une marine militaire, on la considérait comme un luxe ridicule, et on se vit, à la fin, forcé de placer les navires marchands autrichiens sous la protection de la flotte ottomane contre les entreprises des États barbaresques !

Nous avons dû nous arrêter aux désastreuses conséquences du système Metternich, parce que ce système, en épuisant les forces vivaces de l'Autriche, la rendait incapable de remplir le rôle que sa position lui impose, et comme une condition de sa propre conservation, et comme un devoir à remplir envers la civilisation de l'Occident dont elle ne saurait se désintéresser.

La Prusse, tout en subissant l'influence du système de Metternich, fit, sous la direction de quelques hommes d'état capables et patriotes, de louables efforts pour améliorer sa situation morale et matérielle, efforts qui conduisirent à sa prépondérance en Allemagne.

Malheureusement cette hégémonie, qui pouvait devenir si féconde en heureux résultats, sera funeste à l'Allemagne parce qu'elle tournera au profit de la Russie.

On ne saurait nier que les concessions faites aux nationalités qui composent l'Autriche désagrégent celle-ci, et peuvent un jour l'exposer à tomber victime de la Russie coalisée avec la Prusse.

Les Allemands, cosmopolites et tolérants sur le terrain de la science, sont d'une intolérance extrême en politique, et de même que les Russes, applaudissant aux efforts de M. Hertzen, se liguèrent contre lui ou l'abandonnèrent lorsqu'il voulut faire appliquer à la Pologne les principes de liberté réclamés pour la Russie, de même les Allemands seront aveugles à l'égard du rôle de l'Autriche le jour où il s'agira d'incorporer à la Confédération la partie allemande de l'empire autrichien.

Entraînés par une fausse ambition, ils travailleront au démembrement de cette Autriche qui est leur rempart contre l'invasion de l'Allemagne par les Russes.

Nous avons vu que l'idée première de la Sainte-Alliance venait d'Alexandre. Il faut lui rendre cette justice qu'il chercha, jusqu'à un certain point, à l'appliquer. Mais il n'était pas homme à tenir d'une main ferme le gouvernail entre les deux courants contraires à ses desseins. Le vieux parti russe repoussait toute concession à l'esprit moderne et surtout à la Pologne, tandis qu'un grand nombre d'officiers russes avaient, durant leur séjour en Allemagne et en France, contracté des idées libérales dont l'application ne tendait, paraît-il, à rien moins qu'à un changement de gouvernement après l'assassinat du czar.

Ce parti s'appuyait sur le mécontentement du clergé et du peuple, qui voyaient avec colère Alexandre se refuser, sous l'influence de l'Autriche, à seconder les folles aspirations des Grecs. La conspiration fut découverte, et le czar, ne comprenant rien à ce qu'il appelait l'ingratitude d'un peuple qu'il avait jusqu'à présent considéré comme sa propriété, tomba dans une mélancolie à laquelle sa mort mit un terme le 1er décembre 1825, à Taganrog, où il s'était rendu pour faire diversion par un voyage aux sombres pensées qui l'agitaient. Les uns disent qu'il mourut par le poison, d'autres parlent d'un refroidissement, compliqué d'une fièvre bilieuse.

Quoi qu'il en soit, Nicolas, son frère, monta sur le trône et gouverna d'une main de fer jusqu'à ce que la guerre de Crimée, après l'avoir blessé dans son orgueil, lui enlevât un prestige auquel il ne survécut que peu de mois, laissant le trône à son fils Alexandre II.

C'est sous le règne de Nicolas, le 25 septembre 1827, que l'ignorance du public d'une part, le fol aveuglement des cabinets de l'autre, rendit possible la destruction de la flotte ottomane à Navarin. Le sentimental Canning étant mort sur ces entrefaites, son successeur Wellington fit annoncer par le roi, dans un discours du trône, cet épisode déplorable comme un « événement fâcheux. » (*untoward event*).

Bien fâcheux en effet, car il applanissait aux Russes la route de Constantinople.

Grâce à la sensiblerie de quelques poëtes et de quelques rusés Génevois, on était arrivé à méconnaître les intérêts les plus directs de l'Occident pour exalter une poignée d'hommes qui se sont montrés, jusqu'à ce jour, indignes de ce qu'on a sacrifié pour eux.

Professant, comme les Russes, une religion peu différente de l'idolâtrie, les Grecs affichaient en outre la prétention d'arborer leur chétif drapeau sur la capitale même du grand empire ottoman.

Et ce peuple, qui aspirait à de si grandes destinées, s'est montré jusqu'à ce jour incapable de se gouverner soi-même. En grattant un peu ce vernis occidental, au moyen duquel il cache à tous les yeux ses vices, on n'y trouve que des aventuriers, continuant, à l'égard des sommes qui leur ont été confiées par l'Europe, leur ancien rôle de pillards et de bandits.

Ces ambitieux ridicules rêvant la conquête de l'empire ottoman, en sont encore à ignorer que la restauration d'un prétendu empire byzantin se ferait au profit de la Russie et non au leur; que, le jour où un pareil malheur menacerait l'Europe, la Grèce deviendrait une province russe, où l'on regretterait bientôt l'administration des anciens conquérants (1).

Nous l'avons dit, la bataille de Navarin n'avait profité qu'à la

(1) Si les Grecs pouvaient d'ailleurs douter des sentiments qu'ils inspirent au gouvernement russe, ils n'auraient qu'à se rappeler les paroles de Kapodistrias lorsque le général Church lui présenta les survivants de Missolonghi: « C'est superflu d'introduire ces Messieurs près de moi, je les connais depuis longtemps; vous vous êtes battus pendant neuf ans avec les Turcs, vous avez volé des chèvres et des brebis, voilà vos héroïques exploits. » Kapodistrias avait dit aux capitaines de l'Hellade orientale : « Je vous con-

Russie qui put déclarer la guerre au sultan, en 1828 et en 1829, et forcer le Chef du monde musulman à conclure la désastreuse paix d'Adrianople.

Ici encore les puissances avaient méconnu leurs intérêts les plus immédiats, aussi bien des dynasties que des peuples.

Et toutes ces fautes avaient pour cause commune l'aveuglement du ministre Metternich. Il n'avait blâmé la révolte grecque qu'au même point de vue auquel il s'était placé pour condamner les révolutions d'Espagne et d'Italie. S'il eût pu avoir une grande idée politique, il eût conseillé au sultan de ne jamais recourir à son vassal Méhémet-Ali, pour en finir avec cette révolte. Il eût dû faire entendre aux puissances que l'abaissement de la Turquie devait être tôt ou tard fatal à leurs trônes, en les plaçant sous le vasselage d'une puissance absolue, despotique, arrogante, appuyée sur une population barbare et fanatique.

Il eût dû provoquer le châtiment de Méhémet-Ali, intercéder à Constantinople en faveur des populations chrétiennes, auxquelles on eût pu donner l'autonomie de la commune, en réservant aux fonctionnaires du sultan la direction suprême, et soustraire l'Empire Ottoman à l'influence russe, en le rétablissant dans son intégrité.

---

nais, vous êtes tous des Klephtes et des menteurs. » Or, Kapodistrias avait constamment vécu à la cour de Russie; initié aux projets du czar, ses paroles renfermaient une révélation, dont on doit tenir compte encore aujourd'hui. Quant au mépris que les Grecs inspiraient aux Turcs, il était beaucoup plus du fait des Grecs que de leurs vainqueurs. (Voir le livre d'Edmond About sur la Grèce.) Lord Byron lui-même s'est trompé singulièrement, mais entre le ridicule d'une retraite et la persistance dans un acte de folie, il a préféré ce dernier parti.

Mais de tels projets n'étaient pas à la hauteur de l'égoïste et frivole Metternich. Il voulait faire planer sur tous les peuples, sur tous les gouvernements le sommeil de la mort, afin qu'ils ne troublassent point sa béate quiétude, cette quiétude d'où sortit la tempête de 1848, qui n'est pas encore calmée et qui menace aujourd'hui même l'intégrité de l'Autriche.

Que faisaient cependant les autres puissances?

La Russie enguirlandait le gouvernement pusillanime de Charles X, insultait plus tard à Louis-Philippe, guettant le moment favorable de fondre sur sa proie.

Un jour le czar crut que l'heure d'accomplir la tradition russe avait sonné.

C'était en 1853.

Les plus grands États du continent avaient été ébranlés jusques dans leurs bases par la Révolution de 1848; la Russie, seule était debout, fière et menaçante. Les Polonais eux-mêmes, songeant aux sanglantes épreuves de 1831, n'avaient pas osé se soulever, et ils s'étaient contentés de jeter des regards pleins de sympathie et d'intérêt sur la Hongrie. La catastrophe de Vilagos leur imposait une réserve plus longue. L'orgueil farouche de Nicolas s'en accrut.

Son prestige comme autocrate n'avait éprouvé nul échec, il avait gagné au contraire à la soumission de la Hongrie. Nicolas croyait pouvoir considérer l'Autriche comme sa vassale, et ses rapports avec le roi de Prusse étaient si intimes, que celui-ci renvoya son ministre de la guerre, le général Bonin, pour avoir exprimé, au commencement de la guerre d'Orient, qu'une alliance sur cette question avec la Russie serait le suicide de la Prusse, et que le même roi rappela son ambassadeur Bunsen de Londres, pour avoir partagé la manière de voir du cabinet anglais dans cette occurence.

Quant à la France, où Napoléon III venait de rétablir le trône impérial, il la considérait comme épuisée, livrée à des embarras intérieurs et dans l'impossibilité de pouvoir s'engager en de lointaines expéditions.

En Angleterre, où on avait toujours pris à cœur les questions orientales, le czar croyait pouvoir compter, sur le premier ministre, lord Aberdeen, un tory absolu, son ancien ami, pour neutraliser dans la lutte, la redoutable puissance maritime de l'Occident.

Nicolas pensait que ni l'Angleterre ni la France isolées n'oseraient risquer une guerre contre lui, et, avec la méfiance que Napoléon III inspirait aux tories anglais, toute alliance entre les deux cabinets lui semblait inadmissible.

Il crut donc le moment favorable, pour réaliser les plans de Catherine II, et couronner l'édifice ébauché de loin en loin, assis à Navarin et consolidé par la paix funeste d'Adrianopole.

On avait fait répandre à dessein parmi le vulgaire la prophétie d'après laquelle la domination ottomane, établie depuis quatre siècles en Europe, devait finir en 1853. On connaît les conversations du czar avec l'envoyé anglais, lord Seymour, et les projets communiqués à celui-ci de partager l'Empire Ottoman. Il s'agissait, entre autres, d'ériger en États indépendants la Bulgarie, la Serbie et la Bosnie, pour les placer — amère dérision ! — sous le protectorat russe ! Le czar n'empêchait pas l'Angleterre de prendre, pour sa part, l'Égypte et l'île de Candie. Il ajoutait que la question concernait la Russie et l'Angleterre seules, les autres puissances n'ayant rien à y voir.

Mais le cabinet anglais ne partageait nullement les idées du Jupiter olympien de Saint-Pétersbourg; il savait bien que le nom de protectorat équivalait, dans le système politique russe, à la domination de fait, et qu'une fois en possession de la Bulgarie, le czar passerait le Balkan pour descendre sur Constantinople, et ne s'arrêter qu'après avoir soumis à son empire la péninsule olympienne depuis le Danube jusqu'au cap Matapan.

Ni les intérêts de l'Angleterre dans la Méditerrannée, ni ceux attachés à ses possessions de l'Inde, ne pouvaient s'accommoder d'un tel accroissement de la puissance russe.

Quant à l'Égypte le czar en l'offrant à l'Angleterre, se conduisait en véritable Grec byzantin. Il disposait de ce qui ne lui appartenait pas, et de plus il lançait une pomme de discorde sur la table des demi-dieux, car la France eût, même au prix de la plus sanglante guerre, protesté contre la prise de possession de l'Égypte par l'Angleterre.

Repoussé à Londres, le czar s'adressa, dit-on, à Napoléon III, auquel il offrit les provinces Rhénanes, comme il avait offert l'Égpyte à l'Angleterre.

C'eut été la cause d'une guerre à mort avec la Prusse et avec les provinces Rhénanes elles-mêmes dont les habitants sont aujourd'hui aussi sincèrement attachés à l'Allemagne que ceux d'Alsace le sont à la France.

La proposition du czar montrait du reste le cas qu'il faisait de cette Prusse qu'il traitait en vassale, et qui se conduisait comme telle.

Le cabinet de Paris fit la sourde oreille, comme l'avait fait celui de Londres dont la direction devait passer bientôt des mains de lord Aberdeen à celles de lord Palmerston.

Le czar ne se tint pas pour battu. Il prit pour prétexte, à l'appui de ses prétentions, une querelle datant de plusieurs années à cause du Saint-Sépulcre entre les Grecs et les Latins. Le sultan avait dès 1852 reconnu les droits des Grecs à la possession du Saint-Sépulcre, tout en autorisant les catholiques romains (Latins) de dire la messe dans la chapelle du Jardin des Oliviers. Pour maintenir sa position privilégiée, la Russie exigea une garantie formelle consacrée par un traité. Se fiant à l'obéissance passive à ses projets, de l'Autriche et de la Prusse, le czar arma une flotte au sud de son empire, y rassembla des forces considérables, et, croyant ces préparatifs de nature à intimider la Porte, il envoya le prince Menschikoff à Constantinople, exiger au nom de la Russie le protectorat sur tous les sujets grecs habitant l'Empire Ottoman.

Ce Cosaque, digne envoyé d'un pareil maître, osa entrer en paletot de voyage et couvert de poussière au Divan, dont il excita la juste indignation et par son mépris insolent des égards dus à cette auguste assemblée, et par ses absurdes prétentions.

Les conditions du czar étaient inacceptables de tout point. Y adhérer, c'était reconnaître Nicolas co-régent de la Turquie, et ce titre, il l'eût échangé sous le plus futile prétexte, contre un autre plus absolu. Menschikoff partit de Constantinople le 24 mai, la menace du barbare à la bouche.

La guerre éclata; on sait quelle part y prirent l'Angleterre et la France, auxquelles s'adjoignit plus tard la Sardaigne.

Étrange caprice du sort! une puissance catholique en devenant l'alliée du Croissant marchait à la conquête de Rome!

La Russie renouvela à Sinope le désastre de Navarin. L'amiral Nachimow y surprit une escadre turque qu'il détruisit.

Les soldats ottomans firent dans cette guerre des prodiges de valeur. Le sultan, ses ministres, son armée furent à la hauteur de la situation périlleuse que l'ambition moscovite leur faisait, et ils se montrèrent dignes des secours que leur portèrent les deux grandes puissances occidentales.

Les diverses péripéties de la guerre de Crimée sont présentes encore à tous les esprits; nous n'avons à nous occuper que du résultat mesquin de tant de sacrifices.

On eût pu mettre pendant des siècles une barrière aux tendances ambitieuses de la Russie. L'opinion en Angleterre le voulait; le cabinet français commit la faute, peut-être irréparable, de s'arrêter en route, lorsque les alliés eussent pu dicter leurs conditions au czar dans sa capitale.

Mais pour arriver à ce but suprême, il eût fallu tendre la main à la Pologne, faire comprendre à l'Autriche que la perte de la Galicie était compensée mille fois par l'humiliation du czar et lui offrir des compensations qui se trouvaient sous la main.

Une grande Pologne opposait à jamais une digue infranchissable à la Russie, et l'Europe était sauvée des Barbares.

Aujourd'hui, chaque jour apporte une aggravation nouvelle à la faute commise alors par le cabinet des Tuileries.

La Russie est plus forte que jamais; elle étend lentement mais sûrement son influence en Asie, où elle prépare un terrible châtiment à l'égoïste Angleterre, à cette Angleterre sans entrailles qui

n'a jamais rien senti ni pour la liberté ni pour l'indépendance des autres peuples.

Mais, folie sans égale, aveuglement sans nom, nous fournissons au czar les chaînes dont il veut nous charger, les armes dont il ne se servira que pour ravir à l'Europe son indépendance, sa liberté !

La Russie contracte en Europe emprunts sur emprunts, sous prétexte de chemins de fer, et depuis quelques mois elle augmente sans cesse la réserve énorme en numéraire que, dans notre démence, nous jetons dans cette fournaise, dans ce gouffre qui, nouveau Vésuve, déversera sa lave brûlante à l'est et à l'ouest, au milieu du tonnerre et des éclairs que le czar olympien fera éclater sur l'Europe et l'Asie épouvantées !

Peuples et gouvernements agissent comme atteints de folie, si l'on considère la situation des finances russes, telle qu'elle résulte des documents fournis en partie par le gouvernement russe lui-même, atteint et convaincu depuis un siècle d'avoir pratiqué le mensonge et la duplicité comme moyen de gouvernement au dedans, comme moyen de séduire et de tromper l'opinion au dehors.

Nous allons exposer rapidement cette situation enveloppée de ténèbres et de mystères jusqu'en 1862, où, à la date du 6 février, on publia pour la première fois un budget financier de l'Empire russe.

Nul ne sait ce que cet exposé renferme de véritable ou de fictif, le gouvernement du czar étant, en tout ce qui le concerne, à la fois juge et partie.

Nous devons nous contenter de ce qu'il nous donne, et que personne ne peut contrôler.

Sous Catherine I, en 1725, les revenus ne se montaient, paraît-il, qu'à 10,186,000 roubles argent ; sous Catherine II, en 1782, à 40,128,136 ; sous l'empereur Paul Ier (1801), à la somme d'environ 80 millions ; sous Alexandre Ier (1804), à 109 millions, et en 1810, à 125 millions. Par suite des guerres de cette époque, le revenu baisse considérablement, mais il s'élève de nouveau sous l'administration du ministre Cancrin, de 1825 à 1844. Dès 1833, les revenus, y compris ceux de la Pologne, s'élèvent à 120 millions et demi ; mais, selon l'écrivain financier Tengoborski, ils n'ont jamais dépassé, avant 1839, la somme de 163,751,000 roubles argent.

D'après les documents publiés en 1862, le revenu de cette année aurait été de 310,619,739 roubles. Les revenus de l'empire russe peuvent se classer sous quatre divisions principales : Impôts directs, impôts indirects, droits régaliens, et revenus du domaine. Aux impôts directs appartiennent ceux de capitation, dont la noblesse, le clergé, les membres des corporations et, depuis 1863, les bourgeois proprement dits (mestchane) sont exempts ; ainsi que l'impôt des corporations, qui se paye pour le droit de faire du commerce et équivaut à notre droit de patente.

Les impôts indirects se composent des impôts sur les boissons, de l'impôt du sel, du droit d'accises sur le tabac, et sur l'emploi des betteraves dans les fabriques ; du revenu des douanes, de celui du timbre et des actes de vente, des droits de chancellerie, et de ceux des passeports, etc.

Les droits régaliens sont perçus sur les mines, les monnaies, les postes, le télégraphe, les domaines, l'impôt payé sur les terres cultivées par les paysans de la couronne, et qui s'appelle *Obrok*. Ces droits se composent, en outre, des contributions payées pour des propriétés habitées, de la vente des domaines de la couronne, des contributions prélevées sur les forêts, les usines et l'exploitation des cours d'eau aurifères ; des produits des chemins de fer de Pétersbourg à Moscou, des contributions prélevées sur les propriétés et les capitaux légués à l'Etat, pour servir à l'instruction publique, etc., etc.

A ces ressources ordinaires il vient s'en joindre encore d'extraordinaires, de diverses espèces.

Au budget de 1864 et 1865, le revenu net et le revenu brut se soldent par 401,094,798 , pour le premier, et 380,093,411 roubles pour le second. En 1866, le budget des recettes et des dépenses se trouve équilibré par une somme égale pour les deux chapitres, de 404,068,004 ; mais, comme le produit net se solde par le chiffre de 362,475,811 roubles, il en résulte que les frais de perception des contributions, se sont élevés à 41,592,193 roubles. Dans le revenu net, nous voyons figurer les contributions directes pour 44,058,912 roubles, produit net (44,599,641 produit brut) ; les contributions indirectes pour 166,160,013 produit net (181,704,860 produit brut) ; les droits régaliens, pour 1,161,622 produit net (5,415,166, produit brut) ; les domaines, pour la somme de 46,779,569 produit net (57,070,650, produit brut.) le produit d'impôts divers, pour une somme de 46,235,385, produit net (47,157,377, produit brut) , les revenus des pays transcaucasiens, pour une somme de 3,693,123 (égale au produit brut.)

Les recettes ordinaires se montent à 308,088,624 roubles produit net (349,680,817, produit brut). Les recettes extraordinaires se montent à 41,541,876 roubles. (brut et net.)

Cette dernière somme se décompose en celle d'une émission de bons du Trésor, se montant à 9 millions, du montant d'un emprunt

anglo-hollandais de 12,583,931 roubles, et d'un emprunt à l'intérieur pour la construction des chemins de fer, de 19,930,945 roubles. Les recettes, avec destination spéciale, se montent, brutes et nettes, à 12,872,311 roubles.

Quant aux dépenses, elles se subdivisent, d'après l'exposé de 1864 sous les chapitres suivants :

1° *Dépenses ordinaires* et notamment la dette publique, 68,586, 684 roubles argent; employés supérieurs, 1,231,025; culte grec 6,079,764; ministère de la maison de l'empereur, 7,717,419; ministère des affaires étrangères, 2,222,116 ; ministère de la guerre 116,592,363 ; ministère de la marine, 21,636,417; ministère des finances, 64,078,716 ; ministère des domaines impériaux, 9,489,773; ministère de l'instruction publique, 7,062,464; ministère des ponts et chaussées et des travaux publics, 18,788,324; pour le comité de colonisation de la Russie méridionale, 157,647 R. ministère de l'intérieur, 15,008,164; ministère des postes et des télégraphes, 14,570,642; ministère de la justice, 7,732,079; ministre du contrôle de l'État, 1,510,802. Administration centrale des haras, 616,194; administration civile des provinces transcaucasiennes, 4,184,213; total des dépenses, 367,264,748 R.

2. *Dépenses extraordinaires* et notamment dépenses temporaires pour la construction de voies ferrées couvertes par des ressources extraordinaires, 19,930,945 R.

3. *Non-valeurs présumées* dans la perception des impôts, 4000 R.

4. *Frais d'exploitation* des voies ferrées, 12,872,311 R.

La somme totale de ces quatre catégories de dépenses se monte à 404,068,004 R.

Si nous passons de ce tableau des recettes et des dépenses de l'empire à celui de la dette russe, nous ne trouvons que des données superficielles ou incomplètes, le gouvernement russe entourant ce chapitre de ténèbres et de mystères.

L'antique lèpre des finances russes se trouve dans son système de papier-monnaie.

A la mort de Catherine II, il circulait déjà en Russie pour 200 millions de roubles papier-monnaie, véritables assignats ! Les émissions de papier-monnaie se succédèrent rapidement durant les guerres contre la France et la Turquie. Dès 1810, les finances russes se trouvaient dans le plus déplorable état, les seules trois années 1811, 1812, 1813, entraînèrent une dépense extraordinaire de 320 millions de roubles argent. En 1815 le rouble d'argent valait 4 roubles 18 kopèkes assignats. Après la paix on voulut sérieusement porter remède à cette désastreuse situation financière. La dette publique proprement dite ne se montait qu'à 125 millions de roubles. On chercha par des emprunts à l'étranger à se procurer de l'argent comptant pour diminuer la circulation du papier-monnaie.

En 1823, lors de l'arrivée du ministre Cancrin aux affaires, la somme des assignats encore en circulation se montait à la somme énorme de 600 millions de roubles, et le rouble argent valait 3 roubles 60 kopèkes papier !

En 1839, le gouvernement chercha à rétablir l'étalon d'argent comme base principale de la circulation monétaire, et décréta que le rouble argent avec ses subdivisions constituerait l'unité monétaire pour toutes les valeurs en circulation.

Le cours des assignats fut fixé définitivement à 350, c'est-à-dire à 3 roubles 1/2 pour le rouble argent.

Les anciens assignats de banque furent retirés de la circulation au moyen de la création de billets de crédit assimilés au rouble argent avec cours forcé.

Ces billets de crédit émis pour une somme de 170,222,000, servirent à retirer de la circulation les assignats se montant encore à la somme de 595,776,000.

On ne saurait se méprendre sur le véritable caractère de cette opération :

C'ÉTAIT UNE BANQUEROUTE DE L'ÉTAT ENVERS SES CRÉANCIERS.

Il avait été stipulé que les propriétés de l'État serviraient de garantie à ces valeurs et que le trésor renfermerait sans cesse la somme nécessaire pour en assurer le remboursement éventuel.

Ces propriétés de l'État ont été évaluées, par Mikocewitsch, à 3,919,520,550 roubles argent, calcul fantaisiste auquel des économistes compétents ont opposé que même cette somme ne suffirait pas à éteindre la dette actuelle en papier-monnaie.

Cependant les déficits annuels étaient devenus la maladie chronique de l'empire. Durant l'année 1824-1825 seulement, on put arriver à une légère réduction des dépenses.

Mais à la fin de 1825 la dette publique se monte à 373 millions 1/2 ; dix ans plus tard, à 530 et 3/4 millions, et à dix années de là à 772 millions. C'est au milieu de ce désarroi des finances russes que le czar précipita l'Empire dans la guerre d'Orient. L'année financière 1853-54 vit s'augmenter de 150 millions la dette publique et, l'année suivante, de 82 millions. Ses tentatives d'emprunts au dehors échouèrent. L'autocrate défendit l'exportation des monnaies, augmentant en même temps la circulation du papier-monnaie avec une certaine réserve dans le principe, jusqu'à ce que, par l'ukase du 10 janvier 1855, il donnât l'ordre péremptoire au ministre des finances de couvrir, au moyen de billets de crédit émis temporairement, tous les frais extraordinaires de guerre. On devait rembourser ces nouveaux billets durant les trois années qui suivraient le rétablissement de la paix. Mais ces déclarations se ressentaient de l'esprit de mensonge propre au gouvernement russe.

En 1853 et 1854 la circulation du papier-monnaie s'était élevée respectivement à 333,443,005 et à 356,337,024 roubles pour les années 1855, 1856 et 1857, cette somme est portée successivement à 509,184,397, 636,276,844 et 735,297,000 roubles! de sorte que de 1853 à 1857 l'augmentation des billets de crédit est de 400 millions, le double de la dette existant avant la guerre du chef de cette seule valeur en papier. En 1860 des documents sûrs accusent une circulation de billets de crédit de 679,877,853, et on annonce au budget de cette année une émission nouvelle de 15 millions de roubles. Pour couvrir cet énorme déficit, on ne disposait que d'un fonds de réserve espèces de 96,241,618 roubles. Tout le reste avait été absorbé par l'État, qui ne se préoccupait nullement d'un fonds de garantie.

Il va de soi qu'on avait établi pour cette somme énorme de billets de crédit, un cours forcé. Ces billets perdaient néanmoins, lorsqu'on voulait les échanger contre de la monnaie, de 10 à 15 pour cent. Dans cet état de choses, des emprunts devenaient impossibles, surtout à cause du déficit que d'inévitables réformes causaient dans le revenu public.

On recourut à la création de billets du trésor, dont les diverses séries en circulation se montaient, à la fin de 1859, à 93 millions, tandis qu'un ukase du 29 juillet 1860 annonçait une émission de cinq nouvelles séries chacune de trois millions, portant intérêt à 4 1/2 pour cent. Le total des bons du trésor était porté, par cette opération, à 108 millions de roubles argent. Le 20 août 1809 un décret du conseil d'empire (! !) ratifié par l'empereur, statuait que tout l'argent déposé dans les banques au nom des églises et des fondations, ainsi que les dépôts en numéraire de toute espèce, seraient mis à la disposition du ministère des finances!

APRÈS LA BANQUEROUTE, LA SPOLIATION ORGANISÉE!

On divisa ces capitaux en quatre classes dont les trois premières toucheraient un intérêt de 4, 3 1/2, pour cent et la dernière n'aurait droit à aucun intérêt.

Par un ukase du 23 septembre 1859, on convertit en billets de banque portant intérêt 3 pour cent les billets des banques sur prêt et de commerce ainsi que des caisses d'épargne et de la rente à 4 pour cent, qu'on eût dû amortir à partir de 1861 en 37 ans.

Cette mesure fut suivie de la suppression de tous les établissements de crédit par un ukase daté du 13 septembre 1859, et de la création d'une banque nationale.

Cette banque devait effectuer le règlement de tout ce qui concernait le papier-monnaie; elle devait se charger de remplir tous les engagements des anciens établissements de crédit.

Mais comme il est dans les allures du gouvernement de souffleter impudemment le bon sens et la justice, la nouvelle banque, destinée à remplir des engagements se montant à des centaines de millions, était constituée à 15 millions de roubles espèces!

Or, il se trouva que cet établissement financier était devenu créancier de l'État, dès 1861 en dehors des 620,092,157 billets de crédit, de 452,742,504 roubles aux titres suivants :

1° De la dette publique résultant d'anciens emprunts faits auprès d'établissements de crédits supprimés, 103,898,412 roubles.

2° De sommes appartenant aux caisses d'épargne dont l'État s'était emparé, et qui constituaient une créance de 232,383,747 roubles.

3° Des sommes dues en compte à la commission chargée de l'amortissement de la dette 109,313,488.

4° D'avances faites par la banque pour le payement des intérêts de tous les billets à 5 pour cent, 8,146,857 R. argent.

La Banque de l'État comptait des succursales à Moscou, à Odessa, à Kiew, à Charkow, à Riga et à Archangel, et elle avait ouvert des bureaux temporaires aux foires de Nishny-Nowgorod, de Rybinsk, de Pultawa et d'Irbit.

D'après des rapports publiés en 1864, il existe en outre en Russie environ cent banques gérées par des particuliers dans les diverses villes, ces banques sont autorisées par le gouverneur des Provinces, et il vient s'y joindre soixante banques fondées dans des villages importants. Il est question aussi de fonder des banques à l'usage de la noblesse.

Un rapport du ministre des finances, daté du 7 novembre 1861, fixait la dette consolidée totale de l'empire, de telle sorte qu'elle se présentait au 1er janvier de la même année à 520,484,275 roubles. Cette somme embrassait un total de 353,597,000 roubles pour la dette extérieure se décomposant comme suit : 1° Emprunt hollandais à 5 pour 0/0, 40,567,000 florins de Hollande, soit 22,540,000 roubles ; 2° autres dettes à 5 pour 0/0, remboursables à des époques déterminées, 14,881,000 roubles ; 3° l'emprunt anglais de 9 millions et demi de livres sterling, soit 61,100,000 roubles à 4 1/2 pour 0/0 ; 4° l'emprunt anglais de 42,050,000 roubles argent à 4 pour 0/0 ; 5° l'emprunt anglais de 44,800,000 roubles à 3 pour 0/0 ; 6° des emprunts à époque indéterminée de remboursement, 168,126,700 roubles. Quant à la dette intérieure, se montant à 166,416,575 millions de roubles, elle se compose : A. de celle de 50,874,412 roubles à 6 pour 0/0 ; B. de celle de 115,542,163 roubles à 4 pour 0/0.

En janvier 1862, le gouvernement décréta l'émission de 30 millions de bons du trésor pour subventionner les Sociétés des chemins de fer ; au commencement d'avril une autre émission de 18 millions, suivie d'un emprunt contracté par l'entremise de la maison Rothschild, de 15 millions de livres sterling, émis à 94 (soit 92) pour 0/0.

D'après un document publié en 1867 la dette publique était, au 1er janvier 1865, de 1,720,819,519 roubles, et, notamment, de 522,809,609 (originairement 655,264,600) pour la dette extérieure portant intérêt, et de 602,306,242 (originairement 667,928,739) pour la dette intérieure portant intérêt ; enfin des billets de crédit ne portant aucun intérêt de 595,703,587 roubles.

Pour la première de ces trois catégories, la somme des intérêts et celle destinée à l'amortissement se montaient à 34,159,975 ; pour la seconde, à 29,537,334 roubles. Si on ajoute à ces dépenses les frais d'administration de la dette publique portés à 641,276 roubles, on arrive à une somme annuelle de 64,338,585 roubles argent de ce seul chef.

Il est bon d'ajouter à ce qui précède que la somme des billets de crédit en circulation à cette époque était de 652,124,599 roubles, et que la somme destinée à rembourser en argent cette énorme quantité d'assignats n'était que de 55,421,012 roubles à déduire de celle 652,124,599 !

Le soi-disant royaume de Pologne et le grand-duché de Finlande ont leurs budgets propres.

L'énorme dette de la Russie, de cette Russie dont les écrivains patriotiques ont avec raison exalté les immenses ressources, résulte principalement de son budget militaire, quoique depuis un demi-siècle elle n'ait recouru à ses propres ressources que pour une seule guerre, la dernière d'Orient.

Dans le tableau qui précède, nous n'avons parlé que des sommes énormes prélevées l'année dernière en Europe, par la Russie, dont les appels de fonds viennent d'être couronnés par un nouvel emprunt de 300 millions.

L'Occident a de nouveau couvert cet emprunt par ses épargnes péniblement amassées.

L'homme laborieux, l'homme économe de France et d'Angleterre, a confié sa réserve à l'enfant prodigue du Nord.

Cette fois encore, les Rothschild se sont chargés d'attacher le grelot.

Au point de vue de l'économie politique, nous admettons en principe, que l'argent se porte où il croit trouver le meilleur placement, mais nous allons voir qu'ici ce placement s'est fait sans connaissance de cause et dans l'ignorance absolue de la situation véritable des finances russes.

Examinons d'abord si ces emprunts russes successifs peuvent prendre place dans la catégorie indiquée par M. Goschen, aujourd'hui membre du Cabinet britannique, dans son fameux *Traité sur le change* (1).

« Quelquefois, dit le célèbre économiste, lorsque les dettes contractées par un pays envers un autre, sont tellement élevées qu'on ne saurait les liquider, ni par l'expédition de monnaies d'or et d'argent, ni par un accroissement dans l'exportation, on a recours à un emprunt pour rétablir la balance ; le pays endetté exporte des titres de fonds publics pour s'acquitter de sa dette, s'il n'a pas d'autre moyen de le faire. *La Russie a eu souvent recours à cet expédient.* » (Page 14.)

Et plus loin, le même auteur ajoute :

« Les frais de voyage et de séjour à l'étranger des habitants d'un pays, peuvent faire tomber la balance commerciale en défaveur de ce pays. La Russie nous offre le meilleur exemple de l'influence considérable de cette dépense faite au dehors par ses nationaux. Chaque année, plusieurs millions de livres sterling sont dépensés par de grands seigneurs russes, voyageant en Europe ou y résidant, et le capital ainsi enlevé à la Russie, fait tomber contre elle la balance de commerce, absolument comme si cet argent avait été dépensé en Russie pour l'importation et la consommation de marchandises étrangères. Les lettres de change tirées par les princes russes en voyage, sur leurs banquiers de Saint-Pétersbourg, affectent la balance commerciale de la Russie, aussi bien que les traites fournies sur Saint-Pétersbourg, pour le vin de Champagne qu'on y importe de France.

(1) The Theory of the foreign Exchanges, by George I. Goschen M.-P. Fifth edition, p. 14, 19 et 20.

« Les dettes contractées par des voyages au dehors, sont parti-
culièrement sensibles en Russie, en premier lieu, parce qu'elles sont
excessives, ensuite parce qu'indépendamment de cette dépense, la
Russie tend à consommer beaucoup plus qu'elle ne produit.»

En admettant avec l'illustre économiste dont nous venons d'entendre les opinions sur la nature et le but de certains emprunts en
temps de paix, que ces emprunts peuvent servir à s'acquitter envers
une nation envers laquelle on ne peut s'acquitter par des envois
d'argent, on ne saurait admettre que les sept ou huit cent millions
empruntés à l'Europe depuis un an par la Russie aient servi à rétablir l'équilibre de la balance commerciale troublée par les prodiga-
lités de voyageurs russes au dehors, ou par la consommation exces-
sive de vin de Champagne en dedans des frontières.

Non, les intérêts commerciaux du peuple russe n'ont rien à voir
dans cette réserve énorme qui emplit à l'heure qu'il est les caves
du trésor russe.

On veut être prêt à tout événement; on croit une nouvelle fois le
moment favorable pour renouveler cette tentative qui a échoué devant la coalition de l'Occident lors de la guerre de Crimée.

Nous avons vu en effet comment le czar Nicolas s'imaginait, peu
avant cette guerre, ne plus trouver d'obstacle à son ambition, ni
dans la France à peine remise des commotions de 1848, ni dans
l'Angleterre où un ministre tory, l'ami intime de Nicolas, dirigeait
les affaires, ni dans la Prusse inféodée à sa politique, ni dans
l'Autriche indécise et désarmée, ni enfin dans cet empire ottoman
qu'il prétendait malade et qui se releva si vivace et si menaçant.

Aujourd'hui le cabinet russe croit se trouver devant une situation
bien autrement propice à ses desseins.

La seule puissance qui puisse réellement faire pencher son épée dans la balance de la question orientale du côté du droit et de la justice, c'est la France, placée entre les démonstrations grotesques des partis extrêmes au dedans et l'indécision de son gouvernement au dehors.

L'Autriche, agitée entre l'aberration du pangermanisme et les tendances nébuleuses du panslavisme.

La Prusse, se disposant, sous l'égide de M. de Bismark, à faire en Allemagne ce que le czarisme pratique depuis longtemps en Russie.

L'Angleterre, privée d'hommes d'État, absorbée dans les questions économiques et sociales dont l'Amérique du Nord a seule le privilége de la réveiller en sursaut, l'Italie endettée, à la merci de creux rhéteurs et d'un roi de fantaisie.

L'Espagne à l'état de chrysalide.

L'empire ottoman seul attentif au danger, ne demandant qu'à le conjurer et entravé par les impuissants, les traîtres et les hommes d'État à vue courte, qui ne reconnaîtront le danger que lorsque ce grand rempart de l'islamisme se sera abaissé devant les cosaques, pour livrer l'Europe à la merci de la barbarie religieuse, de la barbarie sociale, de la barbarie politique et de la barbarie militaire des czars.

Mais il est temps de revenir à la question financière.

Nous avons vu Nicolas, par un simple ukase, décréter la banqueroute de l'État en fixant le taux du rouble papier et en proclamant forcé le cours de son papier-monnaie.

Ce que Nicolas a fait, le gouvernement russe peut le faire tous les jours, à chaque heure. Le code de Machiavel est le seul en honneur à la cour de Russie, dont les créanciers n'ont, qu'ils le sachent, pour toute garantie, que le bon vouloir de l'autocrate régnant, quel qu'il soit.

Quant à une augmentation des ressources de la Russie, il ne faut pas y songer. La dilapidation des fortunes privées, dont se compose en définitive la fortune publique dans les hautes régions, continuera de plus belle, tandis que les classes moyennes croupiront dans l'apathie créée par l'abus des boissons alcooliques, et les prolétaires dans la misère.

Nous avons vu le despotisme de Metternich anéantir la prospérité de cet Eldorado qui s'appelle l'Autriche, et jamais le despotisme des czars ne permettra à la Russie d'être véritablement prospère malgré toutes les réformes *matérielles* introduites par la noblesse et les czars pour activer la production et augmenter leurs revenus, dépensés par les uns en débauches, par les autres, en préparatifs militaires pour l'asservissement de l'Occident, après la conquête de l'empire ottoman.

Nous assistons vraiment en Europe à un étrange spectacle.

Sur la foi d'une maison, cosmopolite dans ses tendances et ses goûts, et surtout dans ses intérêts, des centaines de millions prélevés sur l'épargne de la France, de l'Angleterre, de la Hollande, prennent le chemin de Saint-Pétersbourg, sans que les gouvernements s'en émeuvent, sans qu'ils fassent rien pour éclairer l'opinion publique.

On sait pourtant l'ignorance où vivent les classes moyennes en France, des choses du dehors.

Et nous comprenons que ce serait difficile pour un gouvernement d'aller proclamer à l'égard d'un autre avec lequel il vit en paix, que celui-ci n'offre aucune garantie au prêteur ; que lui confier de l'argent, c'est s'exposer presque sûrement à le perdre. Mais les gouvernements de l'Occident pourraient s'armer d'une loi statuant que les emprunts d'État ne pourraient, pas plus que les appels de fonds particuliers, venir trouver le public, comme un voleur dans la nuit pour attirer son argent dans un piége.

Cette loi devrait stipuler que les emprunts d'État seraient annoncés deux mois à l'avance, et que les maisons chargées de les émettre seraient tenues à donner la plus grande publicité à un tableau *exact* de la situation financière du pays, qui fait un appel à l'épargne des particuliers. Que si la presse alors négligeait son devoir d'éclairer surabondamment l'opinion, les gouvernements au moins auraient fait le leur et les individus seraient dupes en connaissance de cause. Ce seraient des battus.... contents.

Que se passe-t-il aujourd'hui? On engage ses fonds par confiance dans telle maison, chez tel banquier « qui ne s'engagerait pas dans tel emprunt disent les bonnes gens, si ce n'était pas une bonne affaire. »

C'est une bonne affaire, en effet, pour une maison que d'émettre un emprunt d'État; mais une fois les obligations écoulées, la maison s'en lave les mains, comme elle ne prend nul souci de l'emploi des fonds après les avoir versés aux mains de l'emprunteur.

Ainsi la maison Rothschild ou toute autre, qui se garderait d'escompter cent francs à qui que ce soit sans s'être entourée de renseignements et de garanties, envoie au czar les 300 millions qu'on lui a demandés, et que l'ignorance et la cupidité ont fait souscrire, sans chercher à savoir quelle garantie le gouvernement russe donnera en échange de cette nouvelle saignée faite à l'épargne de l'Occident.

Et M. de Rothschild se garderait bien de dire au czar : « Je viens, sous la responsabilité morale de ma puissante maison, vous fournir une somme de 300 millions; mais que pouvez-vous, au nom du ciel, faire de tout l'argent qui s'est engouffré dans vos coffres depuis une année? »

« Je ne puis croire que vous soyez pressé à ce point d'achever le réseau russe; quant à la balance commerciale, elle doit vous être à peu près indifférente, et votre armée continue d'absorber le plus clair de vos revenus. Je ne puis cependant vous livrer l'épargne de l'Occident pour vous fournir les moyens de le troubler par une guerre et pour jeter la ruine et la banqueroute dans le commerce et l'industrie. »

M. de Rotschild ne tiendra certainement pas ce langage, mais il se félicitera secrètement que sa maison ne soit pas dans un État où, à chaque heure, une main spoliatrice peut se porter sur l'argent comptant des banques et des dépôts pour l'échanger contre des chiffons , comme cela s'est fait sous Nicolas Ier.

Le nouvel emprunt russe s'est d'ailleurs contracté au milieu des plus vives appréhensions en Russie même, appréhensions que l'on ignore généralement et que nous allons faire connaître.

Une conspiration a été découverte en Russie, et tout en y voyant l'avant-coureur de mouvements sérieux qui se produiront un jour, nous savons que l'ordre des choses actuel n'en est aucunement atteint.

Cependant on ne saurait nier que le système du czar, consistant à russifier les quarante cultes divers professés par ses sujets, ne crée des mécontentements qui dégénéreront tôt ou tard en révolte.

Oui, ce czar qui reproche à l'islamisme d'asservir les chrétiens, veut que tous ses sujets professent la religion grecque.

Jamais l'islamisme n'a professé le *compelle intrare;* et on sait par quels moyens iniques, violents, le czar cherche à unifier toutes les croyances de son empire pour les immobiliser dans le pétrifiant culte grec.

Quoi qu'il en soit, Alexandre II a reçu de son père Nicolas de sombre mémoire un héritage qui constitue de lourdes charges.

Nicolas avait le don de l'ubiquité. Sans cesse sur les grandes routes, il apparaissait inopinément sur les confins de son vaste empire, avec toutes les allures de la statue du commandeur. Infatigable à la peine, dur, altier, il posait toujours en maître même au sein des siens, et la mort seule a pu relâcher la tension du masque de fer qu'il portait.

Alexandre II, d'un caractère timide, n'est pas à la hauteur de ce rôle de demi-dieu que jouait si habilement son père, et qui allait aux barbares de son empire.

L'empereur actuel a contracté dans une chute de cheval un mal incurable, une hernie. C'est un secret d'État que l'empereur joue sa vie à bien garder en public. Dans les circonstances solennelles, il néglige ses précautions d'usage en pareil cas, et son mal s'en aggrave.

Quant à son héritier présomptif, c'est un jeune homme dont l'instruction et l'éducation ont été à peine ébauchées, et qui paraît devoir réunir les terribles propensités de Constantin, frère de Nicolas. Les Russes de toutes les classes redoutent son avènement.

Il serait d'ailleurs peu sage de se livrer à des illusions sur l'influence que pourraient exercer les czars sur la marche du gouvernement russe.

Ce gouvernement obéit à des règles fixes, à des traditions immuables qui ont fini par se confondre avec les aspirations du peuple russe dans toutes les classes de la société :

Aller à Constantinople, et rétablir le culte grec dans l'église de Ste-Sophie !

Et comme la Russie possède une organisation militaire, dans laquelle la nation est fatalement parquée sous une impitoyable discipline, les czars, quels qu'ils soient, devront suivre le mouvement qui leur sera imprimé par la nation en armes, et nous ne sommes pas éloignés de nous croire à la veille d'une évolution nouvelle de ce mouvement.

Nous avons, dans les pages qui précèdent, exposé sommairement les conséquences du système Metternich et de la politique russe, pour la situation générale de l'Europe.

Après 1815, l'Angleterre paraît se désintéresser dans la question continentale, et la France, livrée par le désastre de Waterloo à la Restauration, n'exerce plus aucune influence décisive au dehors. Elle s'associe pourtant à la faute commise à Navarin, et dont aucun homme d'État de l'époque, sauf Wellington, ne saisit la portée.

Sous Louis-Philippe, on aggrave cette faute, en soutenant Méhémet-Ali, et pourtant les hommes d'État français de l'époque sentent que le partage de l'Empire ottoman doit tourner au profit de la Russie, et à l'humiliation de tout l'Occident.

La guerre de Crimée s'est arrêtée sur le chemin de la grande politique.

Depuis, nous voyons la Russie endettée au-delà même de ses immenses ressources, après une première banqueroute, faire appel sur appel à l'épargne européenne, dans le but évident de se préparer à une guerre où elle renouvellera les tentatives de Nicolas sur l'Orient.

Un nouvel esprit semble animer le cabinet français ; un homme considérable, aux sentiments patriotiques, dirige les rapports de la France avec l'étranger, et il peut paraître légitime d'espérer un retour à une politique nationale, dont on ne s'est que trop longtemps départi.

Parmi toutes les fautes commises par les divers cabinets des Tuileries, celle-là sans doute est la plus considérable, qui a consisté à rechercher des alliances *dynastiques* étrangères.

Pour qui connaît l'esprit des cours, ces alliances ne pouvaient, ne pourront jamais être que des marchés de dupe en ce qui concerne la France.

Les deux causes de la prépondérance de la France ont été le succès de ses armes, ensuite, le triomphe de ses idées au dehors.

C'est ce triomphe qu'elle doit poursuivre et compléter, c'est à l'assurer qu'elle doit se servir, au besoin, de sa rare organisation militaire.

En dehors de ce but, elle ne trouvera que mécomptes et désastres.

Les embarras dont elle est entourée sont graves, mais elle peut se replacer au premier rang en sortant de cette politique d'hésitation et d'atermoiements, qui lui a déjà fait perdre les bénéfices, et de la guerre de Crimée et de celle d'Italie.

Si le gouvernement français faisait un appel tacite à la nation, en inaugurant une grande politique au dehors, il verrait disparaître soudain ces démarcations absurdes des partis, au moyen desquelles on amoindrit sérieusement la France.

En agissant ainsi le gouvernement imposerait du même coup silence à ces insensés qui servent la cause de la barbarie en prêchant les théories sociales les plus absurdes, et qui rejetteraient la France au dernier rang, s'ils parvenaient à renouveler leurs orgies d'autrefois.

Devant la grandeur du danger qui nous menace, il ne saurait plus y avoir de partis en France, il ne saurait y avoir que des soldats et des chefs au service d'une seule et même cause, celle des intérêts sacrés de la patrie.

Notre grand ennemi c'est la Russie, et nous n'aurions que des alliés contre lui, si la Prusse ne tenait pas en échec l'Angleterre, et ne se livrait pas contre l'Autriche à une guerre ouverte de menaces, à une guerre sourde d'intrigues.

Nos alliés naturels de la race latine sont en désarroi; l'Espagne dans l'anarchie, quoiqu'on en dise, l'Italie hésitante et désaffectionnée.

Mais malgré cette situation critique, la France n'aurait qu'à parler pour faire rentrer sous terre ses ennemis déclarés ou secrets.

Son premier but, son premier soin, doit être le rétablissement de l'Empire ottoman, et ce rétablissement elle doit l'opérer non seulement comme un acte de réparation et de justice, mais encore parce que c'est la réalisation d'une grande idée : barrer à jamais aux Russes le chemin de Constantinople.

La France n'a qu'à déclarer à l'Allemagne qu'elle ne veut s'étendre par aucune conquête sur sa frontière de l'Est, qu'elle n'exige que le respect des traités, pour que la Russie soit réduite au silence par l'opinion publique elle-même.

L'Autriche sortant de l'État de découragement où elle est plongée, et par ses embarras intérieurs et par des complications à ses frontières, relèverait la tête, entraînant à sa suite toutes ces populations qui nourrissent une haine traditionnelle contre la Russie.

Le temps presse, car l'ennemi nous guette ; et, après nous avoir enlevé notre épargne, il viendra nous surprendre à l'improviste avec les armes que nous lui avons fourni, le long de ces chemins de fer que nous l'avons aidé à construire.

POST-SCRIPTUM

En corrigant notre écrit, nous trouvons dans un journal parisien, du 15 février, une lettre du célèbre réfugié russe Bakounine, où la bonne foi et la manière « d'enguirlander » du gouvernement russe sont peintes avec des couleurs effrayantes de vérité, et exposées dans des termes et appuyés de faits qui correspondent trop à notre manière de voir, à notre expérience personnelle, à nos renseignements précis, pour que nous ne reproduisions pas ici les principaux passages de cette remarquable communication.

Il s'agissait pour Bakounine de prouver qu'un certain prince russe, du nom de Wiasemski, avait dit *tout le contraire de la vérité* en affirmant que la peine de mort n'existait plus en Russie, comme ayant été abolie par l'impératrice Catherine II.

« Puisque, dit-il, la seule pensée que la peine de mort aurait été abolie en Russie tandis qu'elle continue de sévir en France, vous désole, je m'empresse de vous tranquilliser, en vous assurant que non-seulement la peine de mort simple, mais variée, compliquée, raffinée et précédée de tortures, n'a jamais cessé de provoquer chez nous le respect de l'autorité et l'amour de l'ordre public. Sous ce rapport, comme sous beaucoup d'autres encore, nous surpassons tous les pays de l'Europe.

« Chez nous on pend ;

« On fusille ;

« On tue sous le knout ; — maintenant on ne dit plus le knout, mais la plete, c'est plus tendre ;

« On tue sous les baguettes de l'exécution militaire ;

« On tue sous le simple bâton ;

« On étouffe et on empoisonne dans le secret des prisons ;

« Et quand on le trouve nécessaire, on fait précéder l'exécution finale par la question ordinaire et extraordinaire ; on emploie la torture traditionnelle, développée et perfectionnée par l'application de toutes les découvertes de la science moderne.

« Il n'y a que la Chine qui nous surpasse dans l'art, éminemment politique, de tourmenter et de supprimer les hommes.

« Alors, demanderez-vous, le prince Wiasemski aurait... dit tout le contraire de la vérité ?

« Hélas ! j'en suis fâché pour le prince, mais je dois vous avouer qu'il vous a induit en erreur. Toutefois, attendez, il y a une excuse pour lui. Il est parfaitement vrai que la peine de mort, aussi bien que la torture, a été *légalement* abolie en Russie, même avant Catherine II, par l'impératrice Élizabeth, mère de ce malheureux Pierre III, que son épouse Catherine a fait assassiner par ses gardes. Devenue la grande impératrice par ce moyen, Catherine II, désirant recueillir les applaudissements de l'Europe civilisée, rédigea de sa propre main une sorte d'introduction aux lois russes, connue sous le nom de l'*Ukase de Catherine II*, et calquée sur les idées, alors en grande vogue, de Beccaria et de Montesquieu. Issue directement de la plume du souverain, cette introduction devait avoir nécessairement force de loi, et servir de base à toute la législature ultérieure. Vous y trouverez l'abolition de la peine de mort, l'abolition de la torture, et en outre cette maxime magnifique : « qu'il vaut mieux laisser échapper dix coupables que de frapper un seul innocent.

« Donc, le prince Wiasemski a raison ? Pas du tout. Il n'a pas raison, même au point de vue légal. Le prince Wiasemski, qui parle avec tant d'assurance et avec ce dédain écrasant de l'ignorance des autres, ne devrait pas ignorer que l'empereur Nicolas, dont le pouvoir législatif était tout aussi illimité et légitime que celui de Catherine II, a rétabli la peine de mort dans nos codes. Et ce qu'il y a de plus caractéristique, c'est qu'il l'a rétablie précisément pour les crimes politiques. Donc, c'est sur le prince russe que retombe le péché d'ignorance, doublé d'outrecuidance.

« Voilà pour le droit légal (1). *Mais existe-t-il un droit légal en Russie ? Sur le papier, oui ; mais en réalité, non.* Et c'est encore une chose que le prince Wiasemski ne doit, ne peut pas ignorer. Dans trois vers devenus célèbres, notre poëte Pouchkine a exprimé,

---

(1) Au moment de corriger les dernières épreuves, nous recevons par les journaux allemands la nouvelle suivante :

« Le czar Alexandre II avait publié un ukase déclaranf libres, à partir « du 3 mars 1870, tous les serfs de l'empire moscovite.

« Ces jours derniers il est revenu sur sa première décision et il vient « d'annuler son précédent ukase, remettant à plus tard, sans préciser l'épo-« que, l'affranchissement des paysans. »

Nouvelle preuve à l'appui de ce qu'avancent Bakounine et Pouchkine. Et

il y a de cela à peu près quarante ans, l'essence même de ce que ces messieurs appellent si pompeusement les lois russes :

« Il n'y a point de lois en Russie !
La loi est clouée à un poteau,
Et ce poteau porte une couronne. »

Vous l'entendez, naïfs souscripteurs aux emprunts russes! Il n'existe pas de droit légal en Russie. Un trait de plume du czar et vos titres n'ont plus que la valeur du papier sur lequel ils sont imprimés, moins même. Le premier épicier venu pourra vous le dire.

Bakounine n'exagère pas plus que nous. Nos preuves ne sont pas des déclamations, mais des faits, plus que des faits, des chiffres. Le gouvernement russe n'a reculé ni devant la banqueroute à l'égard de ses créanciers, ni devant la spoliation des dépôts publics, de dépôts publics qui sont sacrés aux plus détestables des gouvernements.

Rendons la parole à Bakounine :

« Mais cela pouvait être vrai du temps de Pouchkine, sous le règne despotique de l'empereur Nicolas; mais aujourd'hui, sous le sceptre bienfaisant et libérateur du tzar Alexandre II, *l'homme le*

croit-on que demain l'empereur de Russie ne révoquerait pas avec le même sans façon l'ukase concernant les emprunts spoliateurs, décrétant la banqueroute ou modifiant à son gré le mode de payement des dettes qu'il à contractées, lui qui ne craint pas de se parjurer pour retenir dans l'esclavage des millions de ses malheureux sujets.

Et c'est ce même Czar qui se pique de tendresse et de libéralisme à l'égard des sujets chrétiens du sultan dont le plus humble est cent fois plus heureux et plus libre que le plus grand sujet du Czar.

plus libéral, à coup sûr, de toute la Russie, comme l'assure la *Presse* (n° du 25 janvier), aujourd'hui cela ne peut être ainsi.

« Dans la Russie impériale, il n'y a jamais eu qu'une seule vérité, constante et souveraine : *c'est le mensonge, c'est l'hypocrisie officielle, hypocrisie qui n'a jamais manqué d'adopter les apparences les plus conformes aux idées dominantes dans l'Europe contemporaine.* On a cherché l'homme primitif, l'homme-singe. Pourquoi ne l'a-t-on pas cherché à la cour de Saint-Pétersbourg? Les exemples y pullulent.

« Nos lois, tous nos principes humains officiellement proclamés, nos soi-disant droits, ne sont rien qu'une éternelle mascarade, sous laquelle se cache une réalité, officielle aussi, mais bestiale. Cette mascarade ne trompe personne, et elle ne se donne même pas la peine de tromper quelqu'un en Russie, *mais elle aide beaucoup les triomphes pacifiques de la diplomatie impériale en Europe.*

« Connaissez-vous, messieurs, la signification du verbe *enguirlander,* créé à Saint-Pétersbourg? Je parie que non. Permettez-moi de vous l'expliquer.

« Un étranger d'importance vient à Saint-Pétersbourg. Il voudrait étudier la Russie. Mais vous comprenez bien que, s'il allait la considérer de trop près, il pourrait découvrir des choses qui, certes, ne feraient pas grand honneur au gouvernement impérial. Pour éviter ce danger, la cour fait un signe. Ce signe est un ordre, compris instantanément par cette valetaille titrée qui s'appelle l'aristocratie russe. Les princes, les comtes, les barons allemands, — et il y en a une foule parmi nos patriotes officiels, ministres, généraux, hauts fonctionnaires de toutes couleurs, capitalistes et monopoleurs de toutes sortes, leurs femmes, leurs filles et leurs sœurs, toute cette tourbe entoure l'étranger, le fatigue d'invitations, lui sourit, l'étouffe de caresses, étalant devant lui leurs sentiments de commande, et le plongent jusqu'aux oreilles dans le mensonge impérial.

« Cela s'appelle enguirlander.

« Eh bien, messieurs, le prince Wiasemski a voulu vous enguirlander.

« Si vous voulez bien publier cette lettre dans votre journal, et si le prince russe, mécontent, revient à la charge, vous me permettrez, j'espère, de lui répondre. »

Pour ceux qui l'ignoreraient, nous ajouterons que Bakounine est un des premiers des écrivains courageux qui ont dénoncé à l'Europe l'esprit et les tendances du système russe, système dont le peuple est l'aveugle esclave, l'aristocratie le complice, le czar l'exécuteur des hautes œuvres, et l'occident la dupe en attendant qu'il en soit la victime!

Paris.—Imprimerie Jules Bonaventure, 55, quai des Grands-Augustins.

Paris. — Imprimé chez Jules Bonaventure,
55, quai des Grands-Augustins

www.ingramcontent.com/pod-product-compliance
Lightning Source LLC
LaVergne TN
LVHW022202080426
835511LV00008B/1529